कम से कम

कविताएँ : 2015-2018

कम से कम

कविताएँ : 2015-2018

अशोक वाजपेयी

राजकमल प्रकाशन

ISBN : 978-93-88753-74-6

मूल्य : ₹295

पहला संस्करण : 2019

प्रकाशक : राजकमल प्रकाशन प्रा. लि.
1–बी, नेताजी सुभाष मार्ग, दरियागंज
नई दिल्ली–110 002

शाखाएँ : अशोक राजपथ, साइंस कॉलेज के सामने, पटना–800 006
पहली मंजिल, दरबारी बिल्डिंग, महात्मा गांधी मार्ग, इलाहाबाद–211 001
36 ए, शेक्सपियर सरणी, कोलकाता–700 017

वेबसाइट : www.rajkamalprakashan.com
ई-मेल : info@rajkamalprakashan.com

मुद्रक : यश प्रिंटोग्राफिक्स
नोएडा–201 301 (उत्तर प्रदेश)

KAM SE KAM
Poems by Ashok Vajpeyi

उन सब के नाम
जो निडर होकर इस कठिन समय में
असहमति पर अडिग हैं

कविता पर ज़िद कर

1

अपने लड़कपन के दो शब्द अब तक याद हैं। सागर जैसे छोटे शहर में हम दस-बारह कवि कहीं जमा थे, एक गोष्ठी में अपनी कविताएँ एक-दूसरे को सुनाने के लिए। एक कवि जब अपनी कविता सुना रहा था तभी चाय आ गयी और उसकी प्यालों की खनक की ओर एक बुजुर्ग कवि का ध्यान चला गया। कवि बहुत क्षुब्ध होकर बोला : 'अध्यक्ष जी, मैं अपनी कविता सुना रहा हूँ और आपका ध्यान चाय पर है।' अध्यक्ष ने कहा : 'कविता अच्छी है पर चाय बेहतर है।' सरकारी स्कूल में दसवीं कक्षा ख़त्म होते ही हमारे प्रिय गुरु लक्ष्मीधर आचार्य का तबादला हो गया : हम सब छात्र बहुत रोये-गाये। मैंने उनके साथ पहली बार चाय पी थी, होटल में समोसा खाया था, जीवन की पहली फ़िल्म देखी थी, अज्ञेय-पन्त के कविता-संग्रह, 'शेखर एक जीवनी' के दो भाग, 'कल्पना' के अंक उनके दिये पढ़े थे। वे मेरे कन्धे पर हाथ रखकर बोले : 'तुम्हारा परिवार प्रशासकों का है सो तुम्हें भारतीय प्रशासन सेवा में आना चाहिए पर मरना कवि की तरह।'

2

कविता लिखते अब साठ से अधिक बरस हो गये। इस बीच आलोचना लिखना भी शुरू किया और जारी रखा। सम्पादन, आयोजन, संस्थान-निर्माण आदि कई काम किये, 35 वर्ष प्रशासन सेवा में बिताने के अलावा। कविता लिखने से मन कभी उचाट नहीं हुआ। अपने बाक़ी सब को कविता का विस्तार ही मानता रहा। हमारे समय और समाज में अपनी ही नहीं समूची कविता की विफलता का तीख़ा-गहरा अहसास मुझे है। लेकिन 'आस उस दर से छूटती ही नहीं, जा के देखा, न जा के देख लिया' जैसा कि फ़ैज़ ने कहा था। अगर कहीं भी मेरी मानवीयता पूरी होती या उसका भ्रम महसूस करती है तो कविता में ही। मेरे लिए जीना कविता के लिए जीना है। कविता के बाहर बहुत सारा जीवन है यह सही है और मुझे पता है। पर, सही या ग़लत, मेरे लिए वही जीवन अर्थ रखता है जो कविता में है या जिसे कविता रचती है। यह कविता में एक तरह की अबोध आस्था नहीं है : यह आस्था है उसकी घटती जगह और साख को जानते हुए। यह एक 'हारी होड़' है। हारी है पर होड़ है।

3

इसका मुझे अहसास है कि अपने या अपनी कविता के बारे में बात करना अब विफलता के ओसारे में किये गये विलाप की तरह है। यहूदी कहावत है : 'मनुष्य के सामने हँसो, ईश्वर के सामने रोओ।' कवि का ईश्वर तो कई तरह से उसके पाठक या रसिक ही होते हैं। उन्हीं के सामने निस्संकोच कुछ देर विलाप किया जा सकता है।

4

कविता से दुनिया को समझने, सहने, उसमें शिरकत करने, उसे थोड़ा सही, बदलने की कोशिश की कुल मिलाकर, नाकामी सामने है : 'कविता पर्याप्त नागरिकता है' की मान्यता सही नहीं ठहर पायी। अपने समय और समाज में, कविता से अकसर मुँहफेरे समय और समाज में, कविता की जगह बनाने-बढ़ाने की चेष्टा भी अन्तत: विफल हुई लगती है। 60 बरसों पहले जब कविता लिखने की शुरुआत की थी तब हिन्दी समाज कविता से इतना दूर न था जितना आज है। आज समाजतन्त्र को, राजतन्त्र को, मीडिया आदि को कविता में न तो दिलचस्पी है, न उसकी कोई परवाह।

कविता से न तो नागरिकता, पर्याप्त नागरिकता या उसका सत्यापन सम्भव हुआ, न किसी तरह का मूल्य-संवर्द्धन। भाषा को सघन-उत्कृष्ट-बहुल कविता करती है—भाषा को कविता में लाती-रखती है—आज भाषा पर ध्यान देने की किसी को फ़ुरसत या ज़रूरत नहीं रह गयी है। कविता के माध्यम से कोमलता, सहकार, प्रेम, आसक्ति, लालित्य आदि के पुनर्वास की कोई आशा बची नहीं : जिस 'हम' और 'वे' का द्वैत कविता ध्वस्त करती रही है वह द्वैत बढ़ाया जा रहा है; नित-नये दूसरे हर रोज़ बनाये जा रहे हैं और उन्हें अपमानित-त्रस्त-दण्डित किया जा रहा है। घृणा-विद्वेष-हिंसा-हत्या-प्रतिबन्ध-निषेध आम घटनायें हैं जैसे सूर्योदय और सूर्यास्त।

भयानक और व्यापक आत्मरति और हर दिन बढ़ती संकीर्णता में कविता में आत्मालोचन, आत्मसंघर्ष और आत्माभियोग न के बराबर रह गये हैं। अज्ञेय की व्यक्ति-गरिमा, मुक्तिबोध की विवेकवेदना और शमशेर का आत्मालोचन भूली-बिसरी बातें हैं और उनकी कोई जगह हमारी कविता में नहीं रह गयी है। कविता में नवाचार और तोड़फोड़, अवाँगार्द की सम्भावना

मानों चुक गयी है। कविता अस्तित्व और नियति, ब्रह्माण्ड और काल का प्रश्नांकन करना छोड़ चुकी है।

5

बड़े स्वप्नों का सूर्यास्त हो चुका है : दुनिया बदलने का काम हमने निर्दय संकीर्ण नायकों के ज़िम्मे कर उससे छुट्टी पा ली है। हम बहुत छोटे, सीमित, कई बार टुच्चे सपने देखने में मगन हैं।

स्वतन्त्रता, समता और न्याय की जिस मूल्य-त्रयी को चरितार्थ करने और उनकी ओर से निगरानी करने की अघोषित ज़िम्मेदारी हमने स्वीकार की थी वह न तो हम ठीक से निभा पाये और न अब उसमें हमारी कोई दिलचस्पी रह गयी है। उनके ज़िक्र से ही हमें ऊब होने लगी है। इन मूल्यों में हर रोज़ कटौती हो रही है और हमने उदासीनता-विवश स्वीकार की समझौता-परस्त संस्कृति विकसित कर ली है।

लोकतन्त्र के लिए ही नहीं कविता के लिए भी कुछ संस्थाओं की दरकार होती है। शिक्षा, बुद्धि और ज्ञान की संस्थाएँ, संस्कृति से सम्बन्धित प्रतिष्ठान, मीडिया आदि। ये सभी पतन और ह्रास की प्रक्रिया में चल रहे हैं। जो बड़े स्वप्न धूलिसात् हुए या आज इतिहास के घूरे पर पड़े हैं उन्हें लेकर हमने कोई निर्मम आकलन या आत्मालोचन नहीं किया है। हमारी वैचारिक संकीर्णता आज की वैचारिक संकीर्णता की जननी है यह हम न देख पाते हैं, न मान।

सचाई इतनी क्रूर, आतंककारी, हिंसक हो उठी है कि हमने विकल्प की कल्पना तक करना बन्द कर दिया है। हम एक अबोध, लगभग मूर्ख आशा कर रहे हैं कि सब कुछ अन्ततः

ठीक हो जायेगा और हमारे कुछ किये बिना भी समय सुधर और बेहतर हो जायेगा।

6

कई मायनों में हम स्वप्नहारे और पथहारे हैं, हममें से कई। पर हम उम्मीदहारे, मनहारे या अन्तःकरण हारे नहीं हैं। हम जानते हैं कि आज जब बहुत चकाचौंध है और उसकी चपेट में बहुतेरे हैं कविता का काम 'अँधेरे में' होना, अँधेरों की शिनाख़्त करना है। यह वह दमभर, हिम्मतभर करती रहे यही शुभकामना की जा सकती है। इसी में उसकी नैतिकता और अध्यात्म है : उसकी सच्ची राजनीति भी। कवि होने के नाते हम जानते हैं कि दुनिया ब्यौरों में बसती है, सामान्यीकरणों या सरलीकरणों में नहीं : हम दुनिया को उसके ब्यौरों में ही चरितार्थ करते और एक तरह से सत्यापित करते हैं। हमारी आवाज़ ज़्यादा नहीं सुनी जाती यह सही है पर व्यास और भवभूति की तरह हम आवाज़ उठाने से चूक नहीं सकते। अगर शब्द अन्ततः अक्षर हैं तो इस आवाज़ का कुछ तो बचेगा ही।

कविता समय और समयातीत को जोड़ने की एक अनोखी विधि है; वह समय में बिंधकर ही समयातीत तक पहुँचती है। हमारे पास बहुत रोशनी शायद नहीं है, शायद कभी नहीं रहती। पर जितनी है उससे हम दुनिया को कुछ बहुत थोड़ा प्रकाशित तो कर ही सकते हैं। आज जब अभिव्यक्ति की बाधित करने की अनेक राजनैतिक-सामाजिक-सांस्कृतिक शक्तियाँ सक्रिय हैं, स्मृति को लगातार षड्यन्त्रपूर्वक दुर्विनियोजित किया जा रहा है, अन्तःकरण को विजड़ित करने का अभियान चल रहा है तो कविता को इन सबके विरुद्ध और बरक़्स स्वयं स्वतन्त्रता, स्मृति और अन्तःकरण बन सकना चाहिए। इससे कम की यह अभागा समय कवि से माँग और अपेक्षा नहीं करता।

कविता की आँख सचाई को देखती है, आत्मा के तहखानों में झाँकती है, दूसरों की जवाबदेही के साथ अपनी जवाबदेही भी परखती है और स्वयं अपने को निरखती है। यह सब वह भाषा में करती है और इस 'समयातीत सत्य' के दौर में भाषा के सच को पहचानने की कोशिश में रहती है। कविता दर्ज़ करती है और ऐसा करते हुए अपनी हिस्सेदारी और ज़िम्मेदारी को भूलती नहीं है।

इन कविताओं को कविता की इस जटिल भूमिका के सन्दर्भ में देखा-परखा जाना चाहिये। यह कोई बड़बोला दावा नहीं, विनम्र सुझाव भर है। इस समय कविता और नागरिकता के संघर्ष लगभग समान हो गये हैं। कम से कम मुझे ऐसा लगता है।

29 नवम्बर 2018 **—अशोक वाजपेयी**
नयी दिल्ली

क्रम

एक पंक्ति की कुछ कविताएँ

भूलकर हम गँवाते हैं, याद कर पाते हैं।

हर पगडण्डी रास्ता नहीं बनती, हर रास्ता पहले पगडण्डी नहीं होता।

शब्द से छू सकते हैं ब्रह्माण्ड, असंख्य शब्दों से गूँजता है ब्रह्माण्ड।

हमने ईश्वर नहीं देखा, न ईश्वर ने हमें देखा :
फिर भी हम एक-दूसरे पर इतना भरोसा करते हैं।

शब्द में समा नहीं सकता संसार :
संसार से परे नहीं हो सकता शब्द।

अधेड़ आँखें, झुर्रियों भरा माथा—हम हर दिन नया-युवा संसार देखते हैं।

चकाचौंध रोशनी नहीं है : रात अँधेरा नहीं है।

बिना दस्तक दिए खुलता तो होगा ईश्वर का भारी–पुराना दरवाज़ा।

प्रार्थना एक वृक्ष है जिसकी हर पत्ती गुनगुनाती है पर अपने लिए कुछ नहीं माँगती।

2017

प्रार्थना करता हूँ

कोई ईश्वर नहीं सुनता होगा
और पुरखों का ध्यान भी इस तरफ़ न होगा;
शब्दों में से सारी अनुगूँजें ओझल हो गयी हैं :
विलाप और प्रार्थना में
चीत्कार और अट्टहास में
जब अन्तर करना मुश्किल हो चुका है—
कनफोड़ शोर में किसी सिसकी की जगह नहीं है
मैं प्रार्थना करता हूँ :
बचा रहे रचने का समय
भले उसे सहेजने का अवकाश न हो—
दूसरों का दुख अपने दुख से अधिक लगता रहे—
अपनी आत्मा के गाढ़े अँधेरे में
उजाले की एक लकीर खिंची रहे कविता की तरह—
तेज़ हवा में डगमगाते हुए भी
चलता रहूँ जैसे कि कहीं पहुँचने का तय है
और वहाँ पहुँचना ज़रूरी है,
भले वह मुक़ाम सिर्फ़ कविता का हो।
कविता में पहुँचना भी कहीं पहुँचना है
यह भरोसा बना रहे

और यह उम्मीद भी कि
वहाँ पहुँचना दुनिया को, उसके रहस्य को एक बार फिर
छूना है मानो कि वह अनन्त की दहलीज़ हो।

2

प्रार्थना करता हूँ
बढ़ती निराशा के ओसारे से
कि भले गाढ़े अँधेरे में हाथ को हाथ न सूझता हो,
हाथ दूसरे हाथों को छू तो सकते हैं
और ऐसे हाथ मेरे हों।
दूसरों के जूते मेरे पैरों पर ठीक बैठें
मेरी आवाज़ में दूसरों की आवाज़ भी गूँजे
और मेरी कविता दूसरों को अपनी लगे।

3

प्रार्थना करता हूँ
थोड़ी-सी जगह छोड़ दो
जिसमें थके-हारे लोग बैठकर कुछ देर सुस्ता सकें;
थोड़ा-सा पानी और गुड़ रख दो
जो यहाँ से गुज़रनेवालों के काम आये;

थोड़े से शब्द चुपचाप रख दो
जिन्हें कोई चाहे तो किसी दुर्दिन में काम आने के लिए
अपने साथ ले जाय।

प्रार्थना करता हूँ
समय पूरा न बीत जाय, कुछ तो बचा रहे
काल दस्तक दे पर कुछ देर तो प्रतीक्षा करे
इतनी भर कि मैं पुरखों और देवताओं से
यारों और अजनबियों से
आख़िरी ग़प तो लगा लूँ—

मैं प्रार्थना करता हूँ.....

11 जनवरी, 2016

सच का थोड़ा हिस्सा

बुढ़ाते हुए

अब जब हिसाब चुकाने का समय आ गया है
और सारी देनदारियाँ दरवाज़े पर खड़ी हैं;
अब जब यह ग़लतफ़हमी बनी हुई है
कि सच का थोड़ा-सा हिस्सा तुम्हारे पास है;
अब जब कुछ ऐसी उम्मीद की जा सकती है
कि कुछ सयाना विवेक प्रगट होगा;
अब जब बहुतों को इसकी ख़बर नहीं
कि तुम हो अब भी जीवित और सक्रिय;
अब जब मुक़ाम आ गया लगता है
कि जाल समेटा जाय,
अब जब अवसर आ गया है
कि तुम स्वीकार करो
कि तुमसे क्या नहीं हुआ, क्या नहीं सध पाया;
अब जब भाषा अनर्थों से भर गयी है
और तुम अपने शब्दों के साथ असहाय खड़े हो;
अब जब जोख़िम उठानेवाले युवा कम हो रहे हैं
और टुच्चे सपनों का बोलबाला है;

अब जब कोई किसी बात पर यक़ीन नहीं करता
तुम्हें यह उम्मीद क्यों कर है
कि तुम समझे जाओगे ?
अब जब इतिहास का घूरा
धुँधवा रहा है अधजले सपनों से
तुम क्यों मान रहे हो
कि उन सपनों को पालना ठीक था ?
अब जब प्रेम स्वार्थ में
आकांक्षा निरे लालच में बदल चुकी है,
संसार के अथक अनुराग करते रहने की ज़िद का
क्या अर्थ बचा है ?

10 मार्च, 2016

यह नहीं सोचा था

हमने यह नहीं सोचा था
कि इतने समय बाद हम फिर वहीं पहुँच जायेंगे
जहाँ से चले थे :
रास्ता कठिन था और जब-तब हम हिम्मत भी हारते रहे
पर हम चलते रहे इस भरोसे के साथ
कि हम वहीं पहुँचेंगे जहाँ के लिए चले थे।
पर अब लग रहा है, जब मंज़िल नहीं फिर लम्बा रास्ता
सामने दीख रहा है,
कि हर शुरुआत आख़िरकार शुरुआत ही बनी रहती है :
हम उससे आगे कभी नहीं जा पाते :
हमारा रास्ता सिर्फ़ शुरुआतों का होकर रह जाता है
भले हमें भ्रम बना रहता है कई बार तो पूरी ज़िन्दगी भर
कि हम जहाँ से चले थे उससे काफ़ी दूर आ गये हैं
जबकि अन्त में हम वहीं पहुँचते हैं जहाँ से हमने शुरुआत की थी—

उसे फिर से करने के लिए
इस बीच बहुत सारा पाथेय चुका गया है
और चलने की क्षमता भी क्षीण हो रही है
रास्ता भी ठीक से सूझता नहीं है।

और लगता है कि हर तरह की रोशनी घट रही है
फिर भी, चलना तो है, फिर से शुरुआत तो करनी है
भले अब यह पता है कि कहीं पहुँचना नहीं हो पायेगा,
कभी नहीं हो पाता।
पर लगता है कि कुछ शब्द और शायद कविता साथ होंगे
क्योंकि उन्हें फिर-फिर शुरू होने की आदत है।

21 मार्च, 2016

कम से कम

उम्मीद के पास
कम से कम एक घर तो होना चाहिए—
हमारे अँधेरे के मुहल्ले में न हो,
चकाचौंध की दमकती कालोनी में भी न सही,
कहीं तो—

सपनों में न रंग बचे हैं, न रोशनी।
सच कहने की हर भाषा सन्देह के घेरे में है—
झूठ पर लगता है सबको भरोसा बढ़ गया है—
सपने अपने टुच्चेपन से उबर नहीं पाते—

मसीहा होना बन्द हो गया है
लेकिन छुटभैये
असंख्य अवतारों में वापस आ रहे हैं—

कुछ इधर हैं, कुछ उधर,
बीच में रुकना-ठिठकना
एक छूट गयी आदत होकर रह गया है—

ऐसे में
कविता जैसी छोटी जगह में
उम्मीद का घर कैसे बस सकता है?
या कि छोटी जगह में रहकर ही उम्मीद
और सब जगह छा सकती है?
शब्दों में रोशनी हो तो शायद उम्मीद उधर आ सकती है।

28 मार्च, 2016

उसी दरवाज़े से

उसी दरवाज़े से गया था बचपन
जिससे आयेगी मृत्यु :
वही आकाश होगा अपनी निरभ्रता में अकेला,
वही संसार होगा सक्रिय-सचल-उदासीन,
वही वृक्ष होंगे हवा से काँपती पत्तियों के साथ,
वही चिड़ियाँ होंगी
चहचहाकर गाती हुईं अमरता का गान—

उसी दरवाज़े से लौटेंगी
भाषा की कई अनजानी उक्तियाँ,
रंगों के बहुत सारे अरूप,
स्वरों के अटपटे संयोजन—
उन्हें पहचानना कठिन होगा,
असम्भव होगा उन्हें थामना—

उसी दरवाज़े पर
परदे की तरह टँगी होगी
प्रतीक्षा

जिसमें अब भी हिलगे होंगे
बहुत सारे अनुराग—

हमारे पास लाचारी के सिवाय
अब कौन सी भाषा बची है
जिसमें इसे भी सुन्दर और असह्य कह सकें?

01 जून, 2016

कैसे

एक पत्ती में कैसे छिपता–समाता एक पूरा वन ?
एक शब्द में कैसे व्यक्त होती सदियों लम्बी व्यथा ?
एक दरवाज़े से कैसे चला आता समय के गलियारे में अनन्त ?
एक खिड़की पर कैसे टिकता आकाश,
कैसे दृश्य होती सारी हरीतिमा ?

01 जून, 2016

सब कुछ

कुछ चिड़ियाँ, थोड़ा सा आकाश, ज़रा-सी धूप,
एक अधखुली खिड़की, एक सूना गलियारा,
छोर पर के घर में सो रहा एक ग़रीब बच्चा,
भाषा में बढ़ती चुप्पियाँ,
सब कुछ पर छाया नीरव अवसाद।

बेहद शोरगुल, हरेक को धकियाती भीड़,
पेड़ों की डालों-पत्तियों को कँपाती तेज़ हवा,
बेवजह नाराज़ होते लोग, उदासनयना स्त्रियाँ,
भाषा में उभरती मुखरता,
सब कुछ को चीरती हुई एक मर्मांतक चीख़।

गर्भगृह में उनींदी मूर्ति, पहरा देता ऊँघता देवता,
अन्यमनस्क आरती उतारता पुजारी,
शिल्पित स्तम्भ के बग़ल में बैठी आलसी गाय,
भाषा में धीरे-धीरे अस्त होती प्रार्थना,
सब कुछ को डुबाता दिव्य आर्तनाद।

01 जून, 2016

यह समय इनकार का है

जब बहुत सारे लाचारी में
या भेड़ियाधसान के तर्क से हाँ कह रहे हैं;
जब हाँ कहना अपने को बचाने की कायर हरकत है;
जब हाँ कहने का अर्थ
सचाई से अलग तरह-तरह के झूठ आँख मूँदकर मान लेना है;
जब तुम को ही नहीं हरेक को शक के घेरे में ढकेला जा रहा है;
जब तुमसे सीधे-सच्चे पते बताने के बजाय हर कुछ को
षड्यन्त्र मानने की ओर बहकाया जा रहा है;
तब यह समय इनकार का है :
समय में अकेले पड़कर भी अपने सच पर इसरार करने का।
समय है सारे बेईमान और अभद्र शोरोगुल के बीच
एक खरी आवाज़ बनकर उभरने का
समय है साफ़-साफ़ देखने की कोशिश करने का;
चारों ओर हो रहे अत्याचारों की शिनाख़्त करने और
अपने को सबसे अलग न मानने
और अपनी शिरकत को क़ुबूल करने का—
समय है समय से यह पूरी बेबाकी से कहने का
कि वह कितना ही क्रूर-हिंसक और हत्यारा क्यों न होता जा रहा हो
उसका प्रतिकार करने का और

उससे बचने की कोशिश करने का समय फिर भी है
वह सब जो उसके पार जा सकता
और हमारे आदमी होने की तमीज़ को बरक़रार रख सकता है—

यह समय है
जब लगता है कि बहुत समय नहीं बचा है
यह देख पाने का अभी भी, सब कुछ के बावजूद,
समय है रचने और बचाने का—
पियरा रही हैं उम्मीद की हरी पत्तियाँ
उन्हें झरने से पहले लोक लेने
अपनी शिथिल अंजलि में सहेज लेने का।
यह समय इनकार का है।
यह समय नायक बनने का नहीं कवि बने रहने का समय है।

16 जून, 2016

उम्मीद या...

यह समय है या कि बढ़ता-गाढ़ा अँधेरा
यह समझना रोज़-ब-रोज़ मुश्किल होता जाता है—
सभी कुछ इतनी तेज़ी से हर तरफ़ भाग रहा है
कि लगता है हम किसी अनोखे उजाले में हैं—
फिर भी मैंने देखा कि उधर जहाँ पत्थरों का एक ढेर था
एक ढह गयी दीवार की तरह
और जहाँ हो सकता है कि कीड़े-मकोड़े पनाह ले रहे हों
अँधेरा था, नीचट और सख़्त,
मैं एक लगभग ग़ायब हो गये आले में
उम्मीद का एक अधजला दीया रखा आया।

वह खण्डहर होने की कगार पर
ठिठक गया मन्दिर है
जहाँ भक्तगण कम चमगादड़ें अधिक हैं
और कुछ गिरगिट भी;
अँधेरा धुन्ध की तरह हर समय फैला रहता है
और एक बुढ़िया एक टाट की आड़ बनाकर
एक ओसारे में खाँसती-खखरती रहती है;
किसी देवता का वहाँ होना आसपास, ऐसा सन्देह नहीं होता

वहाँ मन्दिर की दीवार फोड़कर छा गये पीपल के
एक कोटर में
मैं रख आया एक बुझा हुआ दीया
इस उम्मीद में कि उसमें शायद दिव्य ज्योति प्रगट हो सके।

क्या ऐसी जगहें ही बची हैं
जहाँ हम उम्मीद का कोई न कोई दीया रख सकते हैं?
हम पथहारे लोग हैं
पर हमारे पास अभी भी सपने और उम्मीद बचे हैं
और हम उनके लिए जगह तलाश रहे हैं?

2016

विलाप के पार

वह आँख झपकती है
जो सपना देखने से घबराती है
और जो देख नहीं पाती
कि कीड़े-खाई डाल पर खिला है एक फूल।

वह हाथ लपकता है
उसे पकड़ने
जो उसे उपहार में नहीं मिला है
पर जो सरक रहा है
किसी दूसरे के अहाते में।

वह पाँव फटकता है
उस कीचड़ को झटकारने
जो इतना बढ़ गया है
कि उससे बचकर कहीं आ-जा सकना
मुमकिन नहीं रहा।

वह बूँद टपकती है
ओस-की कि आँसू की

उसके लिए
जो विलाप के पार
कहीं चला गया
न लौटने के लिए।

12 सितम्बर, 2016

पृथ्वी पर उम्मीद कम हो रही है

पृथ्वी पर उम्मीद कम हो रही है :
पक्षियों को लग रहा है वृक्ष कम हो रहे हैं
जहाँ वे घोंसले बना सकें, आराम कर सकें—
वृक्षों को लगता है उन पर ओस कम गिर रही है
धूल उनकी हरीतिमा को ज़्यादा ढाँप रही है—
नदियों में पवित्रता सूख रही है
और अस्थि-विसर्जन के लिए स्वच्छ जल दुर्लभ हो रहा है—
जगह और ज़मीन नहीं बचेगी दाह और दफ़न के लिए—
शब्द कम हो रहे हैं
कविता के लिए अधिक नहीं बच पायेंगे—

पृथ्वी पर उम्मीद कम हो रही है :

लोग सचाई की तहों में इस क़दर दबे हुए हैं
कि सपना देखना बन्द कर रहे हैं—
कहीं प्रलय का पूर्वाभास नहीं है
पर चीज़ें बेहद गड्डमड्ड हो रही हैं—
लोग पड़ोस की मृत्यु को अनदेखा कर रहे हैं
मारे गयों का हिसाब कोई नहीं रख रहा है—

पृथ्वी पर उम्मीद कम हो रही है :

अब भी नवजात फेंके जाते हैं घूरे पर
और बूढ़ों को सन्तानें घर-निकाला हर रोज़ दे रही हैं—
स्त्रियों पर अत्याचार ऐसे निरन्तर हो रहे हैं
जैसे वे अँधेरे-उजाले की तरह रोज़ की स्वाभाविक घटनायें हों—

पृथ्वी पर उम्मीद कम हो रही है :

26 जनवरी, 2017

अभी बन रहा है

हमारी हार का नक़्शा अभी बन रहा है :

हम जहाँ से चले थे उसकी याद तो हमें है
पर रास्ते में कितना धूल-धक्खड़ मिला,
कितने लोग साथ थे, कितने अलग हो गये,
कितने सपने झर गये, कितने सब हम बटोर नहीं पाये,
यह सब अब याद नहीं है।
अब जब बहुत सारे हारे लोग साथ हैं
लेकिन अब भी थके नहीं हैं, उनकी यादें धुँधला रही हैं।
उनके कुछ मोह बरक़रार हैं और सचाई की डरावनी शक्लों के
बावजूद
उनके कुछ सपने अब भी उनकी आँखों में हिलगे हुए हैं :
हमारी हार का नक़्शा अभी बन रहा है।

काल से हारता है जीवन, पर समय से नहीं,
सचाई से हारते हैं सपने, पर अपमान से नहीं,
हम बहुत पहले जान गये थे कि हम जीत नहीं पायेंगे
और हमें पता था कि हमारी हार तय है :
पर मनुष्य होने की भोली मूर्खता से हम फिर भी

यह मानते रहे कि चीज़ें बेहतर होंगी।
दुनिया जितनी बदली उतने से हम ज़्यादा बदल गये हैं
पर न थकने पर अड़े हैं। एक बूढ़ी ज़िद है
जिसके सपने अब तक युवा हैं और जिसे अब तक थकान नहीं
लग रही है।
और न ऊब घेर रही है।
हमारी हार का नक़्शा अभी बन रहा है।

29 अप्रैल, 2017

उम्मीद का घर

उन्होंने सब कुछ ढहा दिया है और अब जगह बिलकुल साफ़ है :
वहाँ पहले क्या था इसका कोई निशान बाक़ी नहीं रह गया है।
हमारे समय में कोई जगह ख़ाली नहीं छोड़ी जाती
सो देर-सबेर यहाँ कोई काबिज़ होकर कुछ बना लेगा :
अभी दूर-दूर तक उम्मीद का कोई घर नज़र नहीं आता।

यह यादों से घिरे रहने और अपने ध्वस्त सपनों पर बिसूरने का
मुक़ाम नहीं है।
यह फिर एक घर तामीर करने का वक़्त है :
जहाँ कुछ बसेरा हो हमारा और पक्षियों और घास-फूस, पेड़ों का,
जहाँ दरवाज़ा हो जो दस्तक देने पर खुल जाय,
जहाँ हवा और रोशनी खिड़कियों से आयें
और पड़ोस की आवाज़ें भी : जहाँ लगे कि हम आदमी हैं और
हमारे पास सपने और सच दोनों हैं
कुछ कपड़ों-चादरों, बरतनों-घड़ों के अलावा, कुछ बिछावन भी।
जहाँ कुछ पुस्तकें हों जो हमें मनुष्य होना और हर हालत में मनुष्य
बने रहना बताती-सिखाती हों। जहाँ कुछ देर चुप
और अकेला भी रहा जा सकता हो।

उम्मीद का ऐसा घर अभी वक़्त है
थोड़ी-सी मुहलत कि हिम्मत और मेहनत कर
हम बना लें। कहीं और नहीं तो कविता में ही सही :
एक अक्षर घर जिसे फिर ढहाया न जा सकेगा।

29 अप्रैल, 2017

उम्मीद का एक कन्था

चलो, बैठकर उम्मीद का एक कन्था बनाते हैं :
अँधेरा बहुत है और रोशनी बहुत कम है
नज़र कमज़ोर पड़ गयी है—
उम्मीद का कुछ भी नहीं दिखायी देता,
फिर भी, आदतन सही, उम्मीद का एक कन्था बनायें।

वह जो सरेआम एक मरा चूहा मुँह में दबाये
अपनी तकलीफ़ पत्थरदिलों के सामने बता रहा है;
वे जो सूखे में कहीं बंजर में दूसरों को पानी मिल सके
इसके लिए कुआँ खोद रही हैं,
वे जो देवताओं की फूहड़ मूर्तियों के बजाय
जिज्ञासा की पुस्तकें बचाने में लगे हैं;
वे जो मन्दिर में आरती रोक देते हैं ताकि अजान पूरी हो जाय;
वे जो मदद करने से पहले घायल से उसकी जाति या धर्म नहीं पूछते;
वे जो लकड़ी के चरमराते पुलों को पार कर अपने स्कूल पढ़ने जा रहे हैं—
उन सबको लेकर उम्मीद का एक कन्था बनाते हैं।

हम दूसरों के लिए की गयी प्रार्थनाओं, उन्हीं के लिए देखे गये सपनों,
अत्याचार के विरुद्ध जयकार के नारों में दुबकी हुई चीख़,
अकारण मारे गये लोगों के लिए विलाप,
बच्चों की फूल-जैसी कोमल गदेलियों और बूढ़ों की आँखों में थम गये आँसुओं से
युवा कसमसाहट और आवेग से, स्त्रियों की हँसी और सिसकियों से
चलो उम्मीद का एक कन्था बनाते हैं :
रंगारंग, टुकड़ों में, पर साथ-साथ जुड़ा-जमा हुआ,
अधूरा सही :
हम कवि हैं और कोई बाद में यह तो नहीं कह पायेगा कि
जब अँधेरे तेज़ी से बढ़ और रोशनी तेज़ी से घट रही थी तो
हम हाथ पर हाथ धरे बैठे रहे लाचार और हारे-थके
और हमने उम्मीद का एक कन्था बनाने की कोशिश तक नहीं की।

चलो, उम्मीद का एक कन्था बनाते हैं।

30 अप्रैल, 2017

कहाँ खोजें उम्मीद ?

'सम्हलने दे मुझे ऐ नाउम्मीदी क्या क़यामत है' मिर्ज़ा ग़ालिब

अँधेरे में भटकते हुए हम कहाँ खोजें उम्मीद ?
एक क़तार में चलती चींटियों में
जो इस यक़ीन में चली जा रही हैं कि उन्हें खाने को कुछ मिलेगा—
सुबह-सुबह हरी घास पर फुदकती दो चिड़ियों के पास
जो मिले न मिले दाना चुगती नज़र आती हैं—
गुलमोहर के झरे मुरझाये फिर भी लाल बने हुए फूलों में—
कहाँ खोजें उम्मीद ?

बच्चे के लिए रोटी बनाकर स्कूल से उसके लौटने के इन्तज़ार में
माँ के पास—
हर सुबह चमकती हुई सब्ज़ियों में कुँजड़े के पास—
पुरानी पुस्तकों में
जिनके पन्ने पीले पड़ गये हैं
पर जिनके सच धुँधले नहीं पड़े हैं—
कहाँ खोजें उम्मीद ?

उम्मीद अब नहीं रहती चमकदार-हवादार मकानों में,
लकदक दमकती दुकानों में,

गोलियों की धाँय-धाँय से भरे सुनसानों में,
हरेक की जेब से तुरत निकलनेवाली पहचानों में,
उजालों-कहकहों-जयकारों-फूत्कारों में—
शब्दों की धीमी पड़ती उजास में,
भाषा में घिरते अँधेरों में,
विन्यास की शिथिल पड़ती इबारतों में—
कहाँ खोजें उम्मीद ?

02 मई, 2017

थोड़ी-सी बचाकर

हमने थोड़ी-सी बचाकर रख ली थी उम्मीद
वैसे ही जैसे बचपन में माँ बचाकर रख लेती थी
अपने टीन के सन्दूक़ में नीचे अख़बारी काग़ज़ के
तहाकर कुछ नोट।
जैसे तब माँ को ख़याल या पता नहीं होता था
कि वे कितने के और कितने हैं।
वैसे ही अब हमें पता नहीं है कि उम्मीद काहे की है :
सपने की या सचाई की, करने की या सोचने की।
याद नहीं कि माँ के नोट कभी बुरे वक़्त में काम आये कि नहीं
हमें भी पता नहीं कि इस वक़्त हमारी उम्मीद किसी काम आयेगी
या नहीं।

आशंका यह है कि जल्दी ही उम्मीद भी ग़ैरक़ानूनी क़रार दी
जायेगी
सो उसे उलट-पलट कर देख रहे हैं :
पीली और जर्जर सी हो गयी है पर
इबारत अभी भी पढ़ी जा सकती है।
थोड़ी सी सही उम्मीद बची है
और यह नासमझ सा भरोसा भी

कि कुछ और नहीं तो कम से कम वह तो बची है!
हम, हो सकता है,
उम्मीद और भरोसे की तह के नीचे दबे
कुछ काग़ज़ भर हैं
जो जल्दी ही किसी उपयोग के नहीं बचेंगे।

03 मई, 2017

हुआ यह है–1

हुआ यह है
कि एक बारीक सी चिनगारी ने
पूरी वनखण्डी में आग लगा दी है
और हम, वनपशुओं की तरह, उसमें झुलसते हुए
इधर से उधर भाग रहे हैं :
हुआ यह है
कि एक हरी इल्ली ने पत्तियाँ कुतरते हुए
वसन्त के नाम एक पत्र लिखा
जो उसे कभी मिला ही नहीं
और वह वैसे ही पहले की तरह किसलय और फूल
खिलाता घूम रहा है :
हुआ यह है
कि एक शब्द चला गया है कविता के ओसारे से छिटक कर
कहीं बियाबान में
और कविता ठिठकी पड़ी है उसके अभाव में :
हुआ यह है
कि कामना और प्रार्थना के दो उरोजों के बीच
स्वेद की एक बूँद सा
अनुरोध ठहर गया है

और उसकी भाषा कुम्हला रही है।
हुआ यह है
कि लगता भले है कि सब कुछ जल्दी ही समाप्त होने को हैं
पर संसार फिर भी अपनी गति से चल रहा है...

11 मई, 2017

हुआ यह है-2

हुआ यह है कि
हमने अब सच देखना कम या लगभग बन्द कर दिया है
और हमें अपने झूठ ही अधिक सन्तोष देने लगे हैं—

हुआ यह है कि
झूठ, अत्याचार और हिंसा से
हमें कोई उजर अब नहीं होता
और वह हमारी ख़बर-भूखी दुनिया में
कुछ रंग ला देता है—

हुआ यह है कि
अब हम अपने अलावा हरेक पर शक करते हैं
और हमें अकसर लगता है कि दूर खड़े या बैठे लोग
हमारे विरुद्ध किसी षड्यन्त्र में शामिल हैं
और हम किसी पर भरोसा नहीं कर सकते—

हुआ यह है कि
अब चकाचौंध में छुपे अँधेरे हमें नज़र नहीं आते

और हमें लगता है कि
वे सिरे से दूर हो गये हैं—

हुआ यह है कि
अब सब कुछ सब कहीं बिकाऊ लगता है
और हमारे पास इतनी रक़म किसी तरह होना चाहिए
कि हम मनपसन्द ख़रीद सकें—

हुआ यह है कि
हमें अब मनुष्य बने रहने की कोई परवाह नहीं रह गयी है
और हमें छुटभैयों का अवतार बनकर सामने आना रास आने लगा है—

हुआ यह है...

13 मई, 2017

हुआ यह है–3

हुआ यह है
कि अब हम जहाँ नहीं थीं वहाँ
दीवारें बनाने में लगे हैं;
जो खिड़कियाँ पहले से थीं
उन्हें तालाबन्द कर रहे हैं
ताकि पड़ोस का दृश्य हमें आगे न दीखे;
जो हो रहा है उससे हम मुतमइन रहे आयें।

हुआ यह है कि
हमारे पास कोई सवाल नहीं बचे हैं
और हमारी दराज़ दूसरों के बने–बनाये उत्तरों से भरी पड़ी है :
हम आश्वस्त हो गये हैं कि
सभी ज़रूरी मसलों का हल मिल गया है।

हुआ यह है
कि हम अब बहस नहीं करते, सिर्फ़ झुँझलाते–झगड़ते हैं
क्योंकि हमें यक़ीन है कि आख़िर में हम ही जीतेंगे
और बहसों से कोई फ़ायदा नहीं होता।

हुआ यह है
कि हम अब एक–दूसरे पर निगरानी रख रहे हैं
क्योंकि हम पर शक किया जा रहा है और अब हमें भी
दूसरों पर भरोसा कम, शक ज़्यादा होने लगा है।

हुआ यह है
कि अब हम आदमी थोड़ा कम हो रहे हैं
और हमें इसकी परवाह करने की फ़ुरसत नहीं मिल रही है।

15 मई, 2017

देहरादून की वनखण्डी में

1

पत्ती सूखकर चुपचाप झरती है
कोई नहीं देखता

2

पत्तियाँ किसी को नहीं पुकारतीं
वे हरी इबारत हैं
एक अकथ प्रार्थना की

३

कौन आ रहा है
कौन जा रहा है
साल वन उदासीन है
इस आवाजाही से

4

अभी गिरेगा पानी
अभी गिरेंगे आँसू
अभी चमकेंगी हरी-घुली पत्तियाँ
पानी से कि आँसुओं से।

5

वनराजि के वृक्ष
एक-दूसरे से कुछ कहते हैं
सुनायी कुछ नहीं देता
उनकी भाषा हमारे लिए मौन है।

6

हवा आती है वन की हरियाली जगमगाने लगती है
धूप आती है वन की पंक्तियाँ कामना और उत्साह से
काँपने लगती हैं
हम आते हैं तो वन में रसभंग के अलावा
और कुछ नहीं होता।

7

वह पगडण्डी भी नहीं है :
संकोच में है सूखी पत्तियों के बीच
कि राह दे या न दे।

8

बिना किसी पगडण्डी के
मनोरम कीड़ों की कतार अपनी राह बनाती है
बेख़बर उन तीख़ी पक्षी-चोंचों से
जो उन्हें लपक कर लील जायेंगी।
सुबह होती है शब्दों की ताज़गी से, शाम ढलती है कविता के
विलाप में।
हरी पत्ती के काँपने से डोलता है हवा का अदृश्य महल।

9

खिड़की के पार आकाश, आकाश के पार फिर कोई खिड़की।
आँसू-फूल-तारे सब पास हैं तुम्हारे
जो लौटे वे गये नहीं थे, जो गये थे लौटे नहीं।

बस कैसे करूँ ?

बस करो
बहुत हो चुका :
सब कह रहे हैं—सयाने और समझदार

बस कैसे करूँ—
अभी कई बुझी हुई मोमबत्तियों को फिर से जलाना है
थके-हारों को घर तक पहुँचाना है
गुलमोहर की शाखा पर बैठी चिड़िया से बात करना है
बस कैसे करूँ ?

अभी आवाज़ उठ सकती है, अभी पुकार का उत्तर दिया जा सकता है
अभी कविता से रूठे शब्दों को मनाकर वापस लाया जा सकता है
अभी झूठों की भीड़ में कम से कम एक सच को घुसाया जा सकता है
बस कैसे करूँ ?

बहुत से काम बाक़ी हैं

दूसरे साथ आने को तैयार हैं
लोग फिर सच की ओर मुड़ रहे हैं
बस कैसे करूँ?

2018

लिखो

लिखो
कि अभी सपने देखने की मनाही नहीं हुई है
और फूलों को खिल कर मुरझाने के लिए एक आज की मुहलत
मिली हुई है :
शब्द घायल भले हो गये हों
उनमें सोच, चीख़ और प्रार्थना बचे हुए हैं

लिखो
कि उन सभी की कथा लिखी जानी है
जो अकारण निरपराध मारे जा रहे हैं
और जिन्हें न कब्र मिलती है न चिता
और जिन्हें भूलना जुर्म में शामिल होना होगा।

लिखो
क्यों कि एक और महाभारत के लिए
कुछ इन्दराज़ चाहिए
जिनमें विधवाओं का विलाप, बच्चों के चिथड़े हुए अंग
और कोई दलित लाश बेशिनाख़्त शहर से बाहर फेंक दी गयी
हर महाकाव्य की वीर मर्यादाओं से बाहर, दर्ज़ हों।

लिखो
कि जब वक़्त मिले जो इतिहास उन्हें पहचान सके
जो तरह-तरह के मुखौटों में हत्यारे थे
और जिन्होंने सुघरता से उनकी अन्त्येष्टि की
जो सिर्फ़ होने के कारण मार कर फेंक दिए गये।

लिखो
कि तुम्हें न भी बुलाया जाय
लेकिन तुम अदालत में घुसपैठ कर
अपनी गवाही दर्ज़ करा सको
और कह सको बिना आँख झपकाये
कि वारदात के समय तुम चुपचाप देख भर नहीं रहे थे।

लिखो
ताकि अपनी मृत्यु के कई सदियों बाद
तुम्हारे वंशज यह पहचान पायें
कि भयावह रौरव के समय
उनके एक पुरखे ने याद रखने
दर्ज़ करने, बोलने की कोशिश की थी।

लिखो
कि बहुत कुछ को नष्ट करने के अपार उत्साह के समय
तुमने कविता के लिए समय बचाने की चेष्टा की
भले वह तुम्हें न बचा पायी हो।

लिखो
कि उम्मीद लिखी जाकर ही
सपना, और सपना लिखा जाकर ही
सचाई बन पाता है।

युगान्त

बातचीत करने का समय बीत चुका है :
अब हम सिर्फ़ चीख़-पुकार कर सकते हैं,
शोर मचा सकते हैं,
उनके साथ नारे लगाने में शामिल हो सकते हैं,
चुपचाप रह सकते हैं :
बातचीत करने का समय बीत चुका है।

राग की धीमी बढ़त,
स्वर पर देर तक टिकने,
बिना कुछ कहे बहुत कुछ कह जाने का धीरज नहीं बचा है।
समय है बेसुरी प्रार्थना और भजन में शामिल होने का
जो ऐसे देवताओं के लिए हैं
जो जल्दी ही लड़खड़ाकर धराशायी हो जायेंगे—
पवित्रता के लिए समय नहीं बचा है :
गन्दगी से बुरी लगना बन्द कर दिया है
और क्रूरता प्रसाद की तरह घर-घर बाँटी जा रही है।
सुनने-गुनने के लिए समय बीत चुका है।

भाषा में शब्द लगातार घट रहे हैं।
और गालियाँ तेज़ी से बढ़ रही हैं।

अख़बार निकल रहे हैं स्तुति–स्मारिकाओं की तरह निर्लज्ज
और झूठ की दमक और छटा चहुँओर फैल रही है।
भाषा में सच के लिए शब्द नहीं बचे हैं
और हो सकता है कि उसके लिए चुप्पी ही अन्ततः बचे।
ऊहापोह से बाहर आने का समय तो है पर इच्छा घट रही है।
औरों से तो क्या ख़ुद अपने से बातचीत करने का समय बीत
चुका है।

बातचीत करने का समय बीत चुका है।

15 जुलाई, 2018

इस अँधेरी कब्र से

इस अँधेरी कब्र से
उसके घुप बेराहत अँधेरे से
हम किसको और कैसे पुकारें?

हमारी आवाज़ घुटकर रह जाती है हमारे ही इर्द-गिर्द
ज़मीन से थोड़ी देर के लिए भी उसका ऊपर आ सकना मुमकिन नहीं।
हमारी आवाज़ अब हमारी आवाज़ तक नहीं रही :
हमसे हमारी ज़िन्दगी ही नहीं बेगुनाह आवाज़ भी छीन ली गयी है।

हम यहाँ कब फेंके गये
फुरती से और किसने हमें दफ़न करने की इनायत की, हमें क्या पता!
हड़बड़ी में किया गया आख़िरी संस्कार भी संस्कार ही था
हमारा नामोनिशाँ नहीं बचा
यहाँ तक कि आवाज़ भी नहीं—
इस अँधेरी कब्र से
हम किसको और कैसे पुकारें?

उन्होंने उस दिन हमसे फ़ारिग़ होकर
नहा–धोकर पूजाघर या मन्दिर में
या किस भक्तसभा में निर्मल प्रार्थना की होगी :
हमारी बदक़िस्मती कि उसने हमें कहीं छुआ नहीं
हम किसको और कैसे पुकारें?

हम अँधेरे में पोर–पोर गल रहे हैं
और कुछ ही अरसे बाद
हम न थे, न हैं, न होंगे
हम किसी को यह अनोखी घटना बता भी न पायेंगे!
हम किसको और कैसे पुकारें?

15 जुलाई, 2018

सूचीबद्ध

करोड़ों लोगों के नाम और ब्यौरे सूचीबद्ध करना
बहुत धीरज और जतन का काम है :
उसमें समय लगना स्वाभाविक है।
भक्तों और वफ़ादारों की सूचियाँ बना सकना भी कठिन है
क्योंकि वे दिनोंदिन बढ़ते जा रहे हैं :
ज़रूरी है उनकी भक्ति, नाम वग़ैरह का ख़ास महत्त्व नहीं।

जो हर दिन मारे जाते हैं
उनकी संख्या भी बढ़ती जाती है :
उनके नाम–पते सूचीबद्ध करने की ज़रूरत नहीं :
मारे गये सो मारे गये—
उन्हें बाद में याद रखने या उनका हिसाब रखने की क्या ज़रूरत?
क़ानून अगर कभी अपना काम करने पर आया तो ख़ुद ही ढूँढ़ लेगा।

जैसे हम पक्षियों, पशुओं की सूची नहीं रखते
वैसे आदमियों की सूची बनाना अनावश्यक है।

15 जुलाई, 2018

गोधूलि तक

हम गुम हो चुके हैं
हमसे हमारी गोधूलि तक छिनने की कगार पर है।
हमारा पता
पानी से मिट गयी स्याही में लिखी इबारत की तरह धुँधला चुका है
और अब यह तय करना मुश्किल है
कि जो दरवाज़े पर हलकी सी दस्तक दे रहा है
वह कोई पड़ोसी है या कि कोई हत्यारा
जिसे पता चल गया है कि हम किस तरफ़ हैं।

समय आ गया है
जब हम अपनी पराजय का स्तुतिगान लिखें :
बिना किसी वीरता या शहादत के
हमारा जीवन होम होने को है
और न इस्तगासे न किस स्मृतिगाथा में
हमारा ज़िक्र होगा :
शायद हम भी भूल जायँ कि कभी हम थे।
हमसे हमारी गोधूलि तक छिनने की कगार पर है।

झूठे वायदों और नृशंस हत्याओं से
नयी जनरुचि बन रही है :

असहमति पर खौखिया के हमलावर होते हैं
कई चिकने-चुपड़े भेड़िये;
अँधेरे में धोखे से छुरा भोंकना
नयी बहादुरी है।
हम कुछ कायर लोग हैं बचे हुए
जिनकी आवाज़ सुनी भले न जाय पर बची हुई है
गिड़गिड़ाने और घिघियाने से,
बावजूद इसके कि
हमारी गोधूलि तक छिनने की कगार पर है।

तूफ़ान के बाद कई पेड़ उखड़े और कई पक्षी मरे पाये जायेंगे :
इसका प्रमाण भले न बचे सचाई फिर भी यही होगी
कि उन्होंने हरे बने रहने और शोरोगुल में भी गाने की कोशिश
की थी।

15 जुलाई, 2018

क्षमा करो

क्षमा करो स्वच्छ लोकतन्त्र के निर्मल नागरिको,
तुम्हारे स्वच्छता अभियान में तुम्हारे साथ नहीं हूँ
और अपनी आत्मा की असह्य अपवित्रता और गन्दगी में
ऊभ-चूभ हो रहा हूँ।
मुझे पता है कि मैं तुम्हारी गिनती में नहीं हूँ :
मच्छर मारने का धुआँ नगरपालिकाएँ बिना चुके
फैलाती रहती हैं।
क्षमा करो नागरिको
कि नृशंसता, निरपराध को मारने की तुम्हारी अद्भुत वीरता में
मैं अपनी कायरता के कारण शामिल नहीं हूँ।

क्षमा करो लोकतन्त्र के मुखर पहरेदारो,
कि तुम्हारे वाग्वैभव, असत्य के गौरवगान में
मैं अपनी कायर बेसुरी आवाज़ से सुर लगाकर
उसको दूषित न करने की चालाकी बरत रहा हूँ :
मेरी चुप्पी मानीखेज़ भले हो, बेअसर है!

क्षमा करो भले बिराजे देवताओ,
तुम्हारे आस-पास बढ़ते कचरे के ढेर में

मैं एक अधकचरा कवि अपना कचरा नहीं मिला पा रहा हूँ :
बेसुरी प्रार्थनाओं और बेरहमी से तोड़े गये फूलों से घिरे होने
के कारण
तुम ऊँचा सुनने लगे हो
और हम जैसे अपनी अछूती बात तुम तक पहुँचा सकने की जुगत
और अवसर गँवा चुके हैं।

क्षमा करो
इससे पहले कि क्षमा माँगने और करने का सिलसिला भी ख़त्म
कर दिया जाय!

15 जुलाई, 2018